Minori Kurosaki

Muniii!
(Band sechs!)

Gesangsduo
Buddyz
Ai
Ai ist der neue Star einer bekannten Videoclip-Seite. Mit seinem Rivalen Hayate bildet er das Duo Buddyz und wohnt mit ihm in einem Zimmer. In Wahrheit ist er jedoch ein Mädchen.
Hayate
Auf Online-Plattformen wird Hayate als »Tanzprinz« gehypt. Er ist ein Multitalent, wird aber schnell überheblich. Auch wenn er bei Mädchen gut ankommt, ist er in Sachen Liebe noch unerfahren. Er weiß, dass Ai und Shizuku dieselbe Person sind.
Dieselbe Person!!
Ai Shizukuishi
Ai Shizukuishi ist eine schüchterne Mittelschülerin, deren Talent das Tanzen ist. Sie betrachtet Hayates Tanzstil mit kritischem Blick. Steht Ai Hayate als Mädchen gegenüber, nennt sie sich »Shizuku«.

Buddy Go! Story & Charaktere

Ichigo ist ein zurückhaltendes und braves Mädchen. Sie hat Ai sehr gern.

Momo ist ein heiteres und aufgewecktes Mädchen. Sie hat Gefühle für Hayate.

Aushängeschild der Agentur Ace Idol. Fungiert als Mentor für Buddyz und kennt Ais wahres Ich.

Frontmann der Gruppe Shot. Ein Tanztalent und ebenbürtiger Gegner. Er kennt Ais Identität.

Ais beste Freundin. Ermutigte Ai, ihre Tanzvideos auf Smido hochzuladen.

Musikproduzentin bei Ace Idol. Möchte, dass Buddyz groß rauskommen.

Als der Popstar Hayate online auf die Tanzvideos von Ai aufmerksam wird, überredet er ihn, bei einem Casting mitzumachen. Seine Produzentin bildet aus Ai und Hayate das Duo Buddyz und meldet sie kurzerhand für die Talentshow *Idol Prize* an, bei der ihre Jungs als Sieger hervorgehen. Nicht nur auf der Bühne, sondern auch privat verstehen sich die beiden sehr gut. Als Hayate Ais weiblichem Alter Ego Shizuku seine Liebe gesteht, lässt diese sich auf ihn ein. Doch sie beendet das Ganze sehr schnell wieder, da sie Hayate und ihre Leidenschaft fürs Tanzen nicht unter einen Hut bekommt. Hayate weiß, dass sein Tanzpartner und Shizuku dieselbe Person sind, und verspricht ihr, auf sie zu warten. Zwischenzeitlich freundet sich Ai mit Sängerin Momo an, die ebenfalls Hals über Kopf in Hayate verliebt ist ...

Inhaltsverzeichnis

Buddy Go!
Dance.20

Bonus-Manga: Reaktion auf Fans ①

»Möchtest du mit mir zusammen reingehen ...?! Es gibt etwas, das ich mit dir besprechen muss ...!«

*kumpelhafte Anrede für Jungen

*verniedlichende Anrede für Mädchen und kleine Kinder

Was?
Momo hat gesagt, dass sie mit mir aufs Riesenrad will.
Deswegen wird sie erst mal mit mir reingehen.
Hayate … ♡
A… Aber …

Ich will hö-ren ...
... was Momo mir zu sagen hat.
Du kannst ja danach mit ihr reden.
!
Okay ...

Ichi-go-chan, willst du nicht?
Ich hab Höhenangst ...
Außerdem wolltest du ja mit Momo aufs Riesenrad ...
?
Hayate ...

Wie er wohl auf Momo-chans Liebeserklärung reagieren wird ...?
Kyaaah! ♡
Das ist echt krass hoch!
Obwohl das so langsam ist, kriegt man fast noch mehr Angst als in der Achterbahn, oder?!
Du siehst überhaupt nicht aus, als hättest du Angst.
He he he! ♡
Dabei habe ich ...
... total viel Bammel.

Es sieht so aus ...
... als würde ich einen Korb bekommen.
Es ist doch offensichtlich!
Hat sich seit *Idol Prize* denn nichts verändert?
Was ... oder wer ... für dich ...
... der Wichtigste auf der Welt ist ...

... weiß ich doch!
Ich habe dich die ganze Zeit beobachtet.
Momo ...
Deswegen mache ich dir jetzt keine Liebeserklärung!
Das scheint nämlich ungünstig für mich auszugehen!
Schließlich geht es bei mir ja auch um eine andere Form von mögen.
Deswegen werde ich meine weiblichen Qualitäten noch mehr stärken und dann noch mal ...
Momo.
Es tut mir leid.
Aber lass es mich dir vernünftig erklären.

Die Person, die mir am wichtigsten auf der Welt ist ...
... wird vermutlich niemals jemand anderes sein.
Ich dachte ...
... du wärest charmanter, wenn du einem Mädchen einen Korb gibst.

*Abk. für die Show *Idol Prize*

Ich bin diejenige ...
Ja.
Ich danke dir.
... die sich bedanken muss ...!
Danke schön. Ich habe dich geliebt ...
Wir sind wieder daaa!

W... Willkommen zurück ...
Okay, und jetzt bist du dran, Ai!
Worüber wolltest du reden?
Ich würde dir das gern unter vier Augen sagen.
Okay, dann lass uns woandershin gehen!
BLICK
Über was haben Momo ...
... und Hayate wohl geredet?

Hallo!

Guten Tag! Wir sind schon beim 6. Band von *Buddy Go!* angekommen! Vielen Dank, dass ihr euch dafür entschieden habt, dranzubleiben!

Es gibt noch etwas, für das ich dankbar bin: Aller Voraussicht nach wird *Oha Suta** weitere Anime-Serien zeigen!

Mehr dazu steht übrigens auf der Homepage von *Ribon*.

Ich bin überglücklich, die beiden wieder tanzend und sprechend erleben zu dürfen!

Und damit entlasse ich euch in den etwas ernsteren 6. Band. Ich hoffe, ihr habt viel Spaß beim Schmökern!

*Morgensendung auf TV Tokyo

SCHÜTTEL
SCHÜTTEL
Darum geht es jetzt nicht!
Ich habe ihr selber auch etwas zu sagen.
Also ... ich ...
Es gibt etwas, was ich vor dir ... verborgen habe ...!
Du wirst bestimmt überrascht sein ...
... und es kann sein, dass ... dich das verschreckt, aber ...
... ich will einfach, dass du es weißt ...!

Ich liebe Hayate ...!
Sorry, dass ich es dir nicht gesagt habe ...!
Ich dachte, es könnte dich in eine schwierige Situation bringen ...
... und dass du denkst, dass ich komisch bin, weil ich ja ein Junge bin, aber ...

... auch wenn ich so ein Outfit trage, bin ich eigentlich ein ...
Lass gut sein, Ai-kun.
Ich weiß Bescheid!
PATSCH
Was?
Ich hab mir schon vorher so etwas gedacht.
Aber ich weiß es inzwischen sicher, weil ich mit Hayate geredet habe.
Hayate hat es dir gesagt?!
Ja ... stimmt schon, ich war auch überrascht ...
Es ist echt unfassbar, dass tatsächlich beide auf Jungs stehen ...
Also hat er ihr gesagt, dass ich ein Mädchen bin ...
Das erklärt natürlich, warum meine Anmache nicht zieht ...

Ma... Magst du mich jetzt nicht mehr ...?
Warum das denn?
Auch wenn wir beide dieselbe Person lieben ...
... bist du doch immer noch Hayates Partner ...
... und mein geschätzter, zwar ungeschickter, aber engagierter Freund!
Ich habe von Hayate einen Korb bekommen ...
!
... aber jetzt verstehen wir uns gegenseitig noch ein bisschen besser ...
... und können noch engere Freunde werden!

...!
Ach, Momo-chan ...!
Ja ...!
Und keine Angst, ich hab keinerlei Vorurteile gegen Homosexuelle, oder so!
Wie?
Oh! Die beiden rufen nach uns! Gehen wir zurück!
Was?
Danke für heute!
Bis bald!
Ichigo ...
FLÜSTER
Ich weiß nicht, ob das wirklich in Ordnung ist ...

Wenn du was von Ai-kun willst, solltest du wohl besser aufgeben.
Was? Ich ... aber ...
Du hast absolut keine Chance!
Die beiden lassen ...
... niemanden an sich heran!
Jetzt, da ich diesen großen Schritt gewagt habe ...
... verstehe ich erst, wie stark Momo-chan ist.
Ich habe zwar immer noch ein beklemmendes Gefühl in der Brust ...
... aber ich denke, dass es gut ist, dass ich das verstanden habe.

Dass du fernsiehst, sieht man nicht alle Tage.
SCHOCK
Äh ... das ist eine Liveübertragung ... Momo-chan und Ichigo-chan singen ...
Oh ja.
Die sind schon cool ...
...

Was hat Hayate ...
... Momo-chan bloß ...
... über mich erzählt?
Wir müssen los zu den Aufnahmen für die Gesangsshow.
Ah, ja.
Ich würde es nur zu gern wissen ...
JUBEL
KLATSCH
KLATSCH
KLATSCH
KLATSCH

Unsere nächsten Gäste sind bei den Jüngeren sehr beliebt!
Die beiden Mitglieder von Buddyz!
Wir haben von den Zuschauern sehr viele Fragen zu eurem Privatleben erhalten.
Als er ...
... meine Hand gedrückt hat, wollte er mir damit bestimmt sagen ...
... dass ich mich anstrengen soll.
Ich habe ihm meine Gefühle noch immer nicht richtig verdeutlichen können.
»Ich habe eine Frage an die beiden, die bereits Stars, aber auch noch Schüler sind: ...
... Seid ihr privat eigentlich auch so beliebt?«
Privat ...?

Ich bin schon be-liebt ... sogar beliebter, als ich im Fernse-hen zugeben möchte!
Ha ha ha! Ja, so ist er eben, unser Ha-yate-kun! Ha ha!
Na ja, aber ...
Ha ha ha ha ha!
... zurzeit habe ich mit dem hier alle Hände voll zu tun ...
Deswe-gen hoffe ich auf euer Verständ-nis!

Ich verstehe! Buddyz ist im Moment wichtiger, nicht wahr?
Mir ...
Mir geht es genauso ...!
Ich habe nur Hayate im Kopf!

Im ...
... Kopf?
Äh ...
ROT ANLAUF
Nein ... also ...
... ich meinte damit ... ich hab nur Buddyz ... im Kopf ...
Ha ha ha ha ha ha ha!
!
Warum lachst du so?
Nichts. Ich bin nur über-rascht ...
So ist das also ... Pfft!

Das ist irgendwie frustrie-rend!
Also dann, macht euch bitte bereit für den Auf-tritt!
Aber auch, wenn es mir peinlich ist ...
... und ich Angst habe ...
... ist es gut, dass ich mich verändert habe.
Dass wir uns gegensei-tig so wichtig sind ...
... spüre ich jetzt stärker als je zuvor ...!

...
Hayate!
Ai!
Someko-chan! Du hier?!
Ha... Hallo!
Ich habe etwas mit euch zu besprechen.
Besprechen?
Kommt bitte mit.

Hayate, du scheinst es im Interview sehr treffend formuliert zu haben ...
Schließ-lich hattest du ja neulich ein Date mit einem Mäd-chen, nicht wahr?
Was hat sie denn?
S... Sie ist be-stimmt sauer.
AUFGEFLOGEN
Äh, nein, das war kein Date ...
Wir ha-ben nur so zusammen abgehan-gen ...
Ge... nau!
Ai, was rechtfer-tigst du dich denn jetzt?
Wie ...?
Heute Morgen ist das hier per E-Mail in der Agentur eingetrof-fen.

Hayate, das bist doch du, oder?
Das war, als wir zu zweit ein Date hatten ...
Warum zum Henker ...?
Ah ...
Bist du mit diesem Mädchen zusammen?
Oh ...
Ist sie auf derselben Schule wie du?
Sie weiß nicht, dass ich das bin?!
Ich bin nur von hinten drauf ...
Was soll ich machen?
Wäre es besser, zu schweigen?
Ich hasse es zwar, zu lügen ...
»Deswegen betrachte ich den Moment, in dem Hayate es herausbekommt, als den Auslöser für die sofortige Auflösung von Buddyz, klar?«
... aber ich fände es auch blöd, wenn Buddyz dann aufgelöst werden würde ...!

Das ist ...
... eine Freundin aus meiner Zeit bei Smido.
Ich hab sie zufällig getroffen und wir haben uns nur unterhalten.
Das tut mir leid, Ai.
Es wäre für dich als meinen Partner ja auch unangenehm, wenn das zu einem Problem werden würde.
Er lügt auch für mich ...
Verstehe. Ich glaube dir.
Ehrlich gesagt, auch wenn dieses Foto an alle Medien gesendet werden würde ...
... glaube ich nicht, dass sie das an die große Glocke hängen würden. Schließlich redest du auf dem Foto ja nur mit dem Mädchen.

Aber ihr müsst euch bewusst werden ...
... dass ihr Popstars seid.
Ein einziger Skandal könnte zur Auflösung führen!
Verstanden.
Ich spüre eine Spannung in meinem Rücken.

*Anrede für jüngere Schüler, Studien- und Arbeitskollegen

Unsere Kohai?
Was?
Sagt mal ... kriegt ihr denn gar nichts mit?
?
Wir machen gerade ein Casting, um für unsere Agentur ...
... ein klassisches Tanzduo zu finden.
Ah ja, hier ist ein Video.
Wir haben auch eine ziemlich gute Zuschauerquote.
Hier! Wir sind mit den Kandidaten schon in der letzten Runde ...
... und haben einige große Talente dabei! Guckt euch das ruhig mal etwas genauer an.
Stimmt ... die sind alle echt gut.
Wie auch immer!

Keine Sorge. Wer oder was auch immer dabei heraus-kommt ...
... wir zeigen de-nen, dass wir ganz oben mit-spielen.
Richtig, Ai?!
Ja!
Stimmt. Auch für uns beide ...
... gibt es noch Hö-hen, die wir erreichen wollen.

Genau deswegen muss ich mich jetzt zusammen-nehmen!
So, heute habe ich eine Probe und ein Shooting für eine Zeit-schrift ...
*Anrede für ältere Schüler, Studien- und Arbeitskollegen
Chisato-senpai*!
Chisato-senpai soll hier sein!
Echt?! Ich will ihn mal von Nahem sehen!
Hm? Was?
Ach, du wirst dich bestimmt nicht dafür interes-sieren.
KREISCH

Er ist im dritten Jahr der High-school*.
Und weil er sehr gut aussieht, ist er bei den Mädchen total beliebt.
Beim Casting von Buddyz' Agentur ist er jetzt auch in die letzte Runde gekommen!
*entspricht der 12. Klasse
Oh ...
Ich erinnere mich. Sein Tanz war bei Weitem der beste ...
Was macht er wohl in der Mittelschule ... und ...
... warum schaut er hierher ...?

Hey, du da!
Du mit den langen Haaren!
AUFRUHR
Kommst du mal mit?!
Was?
Warum Shizukuishi-san?
Was hast du mit Chisato-senpai zu tun?
Hab ich mich erschreckt ...
Ah.
Weil die Chance besteht, dass er bei derselben Agentur debütiert ...
... möchte er sich mir vermutlich vorstellen ...

Nein, das kann nicht sein.
Ich bin doch gerade Shizuku ...
... und nicht Ai.
Er hat überhaupt nichts mit mir zu tun.
DODOMM
Dieser Typ ...
DODOMM
Was will er von mir ...?
Ich will dir etwas Schönes zeigen.

Das hier.
Das bist doch du, nicht wahr?!
Ich habe bereits ein etwas weniger verfängliches Foto an die Agentur von Buddyz geschickt.
Aber da kam nicht so viel zurück.
Was ...?

Ich dachte, als Nächstes könnte ich ja das hier schicken.
Edit
CINEMA
Was ...
... hältst du davon?

Buddy Go!
Dance.21

Bonus-Manga: Reaktion auf Fans ②

»Ich dachte, als Nächstes könnte ich ja das hier schicken.«

»Was hältst du davon?«

Dieser Typ ...
Was will er von mir ...?
Das wäre ganz schön übel, nicht wahr? Schließlich ist er ein Star.
Das würde wahrscheinlich das Ende seiner Karriere bedeuten.
Wa...?
Das wäre doch wirklich zu schade, gerade jetzt, wo er so beliebt ist.
Und sein armer Partner würde ebenfalls darunter leiden.

Also weiß er nicht, dass ich Ai bin, und versucht mich deswegen einzuschüchtern.
Er kommt nur zu mir, weil er denkt, dass ich Hayates Freundin bin.
Was will ...
... dieser Typ denn damit erreichen ...?
POCH
Ich verstehe es nicht ...
Ich habe Angst ...
POCH
Äh ... ich ...
Ich ... bin nicht mehr mit Hayate ... zusammen...
Ach so? Na dann kann ich's ja absenden.
!!
Wa... Wa... Warte ...!
Tu das ... bitte nicht!
I... Ich werde alles tun, was du verlangst!

DODOMM
DODOMM
Tat-sächlich? Alles?
DODOMM
DODOMM
Na dann …
SST
!
Mein Smart-phone …!
Geh ans Telefon, wenn ich dich kon-taktiere.
Und er-zähl Haya-te nichts davon.

Wenn du auf mich hörst ...
... schicke ich das Foto nicht.
Ich melde mich wieder.
Was zum ...?!

Wa...
Was sollte das ge- rade ...?
Damit haben alle Finalisten ihre Tänze präsen- tiert!
Aus die- sen Kandi- daten wird der neue Star ...
... der Ace Idol Agentur gewählt!

Und hier kommen die Punkte der Jury!
BESORGT
Schaust du dir diese Castingshow an?
Heute ist die Entscheidung ...
Ach so?
Das passiert auch nicht oft, dass du dich für so was interessierst.
Na ja, eigentlich nur, weil dieser Typ dabei ist ...
KRAMPF
Um so was soll man eigentlich nicht bitten, aber ...
Er darf es nicht schaffen ...!
STECH STECH STECH STECH

JUBEL
わ
あ
あ
あぁっ
Das gibt's nicht!! Hier hat jemand die volle Punktzahl erreicht!
Der überragende Kandidat, der sich auf sein Debüt freuen kann, ist ...
... Omi Chisato-kun!
Es ist aus ...
TODESURTEIL
Omi Chisato ...?
Echt jetzt?!
Urgh!
Na ja ... Ich hab's ja schon geahnt ...!
Schließlich ist er ein talentierter Tänzer ...!

Das Ribon Festa

Auch dieses Mal, im Jahr 2016, war das Ribon Festa wieder großartig! *Buddy Go!* war mit Goodies, einer Skizzen-Ausstellung, Autogrammstunde und vielem mehr vertreten! Was ebenfalls toll war, war der Special Drink! Er war von Ai und Shizuku inspiriert und mit Erdbeermilch-Geschmack! Super lecker!!

Im Vorzimmer zum Talk und zur Autogrammstunde

Ich hab übrigens auch ein Foto von mir und einem lebensgroßen Panel von Buddyz gemacht!!

*Yuka-chan ist ein Charakter des Mangas *Cookie*.

**Fotos mit lustigen Hintergründen aus dem Automaten

Omi-kun?!

Wie bitte?

Hayate, kennst du den Typen etwa?

Wir kennen uns aus Kindertagen.

Er hat mir das Tanzen beigebracht.

Er ist wie ein großer Bruder für mich. Ich hatte schon immer großen Respekt vor ihm.
Aber ...
... dieser Typ ...
»Das würde wahrscheinlich das Ende seiner Karriere bedeuten.«
Was will er damit bezwecken ...?
Hm? Warte mal!
Wenn Omi-kun dabei ist, ist doch nicht etwa auch ...

Oho! Ein anderer hat ebenfalls die volle Punktzahl erreicht!
40
Tat-sächlich ...
Wa... Was denn? Kennst du den etwa auch ...?
Er besticht durch sein charmantes Lächeln: Ayato Ka-zanami!
Das ist ... mein gro-ßer Bru-der!
Es heißt, die beiden sind Freun-de aus Kin-derzeiten!

Diese beiden werden als Duo ihr Debüt feiern!
39
Wie bitte ...?!

Was ist denn los? Warum seid ihr beide so mürrisch?
Da organisiere ich extra ein Treffen zum Kennenlernen ...
Someko-chan, dass Ayato mein Bruder ist, wusstest du doch sicher?!
Na sicher! ♡ Das wird sich viral verbreiten! ♡
Wir könnten ja ein Brüder-Duell machen! Wär doch super, oder? ♡
GRUMMEL
War ja klar, dass so was von dir kommt ...

Bei einem Brüder-Duell gegen mich würde Ayato niemals mitmachen.
Versteht ihr euch nicht so gut ...?
Ach was, so ist es nicht, aber ...
Das wirst du verstehen, wenn du ihn triffst.
?
Hayates Bruder also ... Was er wohl für ein Mensch ist?
Aber das ist jetzt nicht so wichtig ...
Khe khe khe!

Hayate!
SMILE
Du bist ja schon fast zu groß geworden.
Omi-kun!
Da ist er!

Ich bin nicht nur groß, sondern auch besser im Tanzen geworden.
Weiß ich doch. Ich hab dich im Fernsehen gesehen.
I...
Ist das wirklich derselbe Typ, der neulich ...?
Und Hayate ist auf einmal so zutraulich ...
Dann können wir ja wieder gemeinsam tanzen.
Stimmt.
WAU WAU

Und ... wo ist er?
Ach, du meinst Ayato?
Hier.
Da er nicht aufgewacht ist, hab ich ihn einfach hierhertransportiert.
RATZEPÜÜÜH
すぴょ
?!
Pennt der etwa?!
Hey Aya, wach auf!
Was?
Mh ...
Hayate-kun!
STRAHL

Waaah, Hayate-kun! Ewig nicht gesehen! Warst du auch immer artig?!
Du kommst gar nicht mehr nach Hause, ich bin schon total vereinsamt!
Du bist groß geworden!
Klappe! Hör auf!
SCHWUPP
Ich hab dich verm...
PLUMPS
Wääh! Das tat weh ...!
D... Das ist ... der Bruder von Hayate ...!
BLA BLA
Du warst bestimmt überrascht, dass ich in der Castingshow antrete. Omi hat uns einfach angemeldet. Gemein, oder?
Obwohl ich nicht glaube, dass ich ein Star oder so was sein kann.
Deswegen möchte ich eigentlich auch gar nicht debütieren ...!
BLA BLUBB
E... Er ist ein ganz anderer Typ als Hayate ...
Aber da die hübsche Produzentin mich so nett darum gebeten hat, hab ich dann doch zugesagt. ☆
Von wegen! Sie sind Brüder! Natürlich ähneln sie sich!

Oh Mann, ich wünschte, Omi-kun wäre mein Bruder, und nicht dieses labberige Weichei!
Hör auf, Hayate! Sonst schmollt Aya wieder.
Genau! Sei besser vorsichtig, Hayate-kun!
Wenn ich eingeschnappt bin, dann kriege ich mich nicht so schnell ein!
Die scheinen sich total gut zu verstehen ...
Ai, ich stelle euch vor!
Das sind mein großer Bruder Ayato und sein guter Freund Omi-kun.
So ziemlich alles, was ich tänzerisch draufhabe, habe ich von den beiden gelernt.
Schön, dich kennenzulernen, Ai-kun!
Eine Freude!
ZUCK

Äh … ähm …
Wenn das wirklich ein und derselbe Typ ist …
… dann hat er was gegen uns, aber …
F… Freut mich … euch kennenzulernen …
Ai?
… ich hab keine Ahnung, was genau er im Schilde führt.
Ihr werdet wohl für einige Zeit zusammenarbeiten, also seid nett zueinander!
Ich hoffe, dass ihr vier etwas Leben in unsere Agentur bringt!

Irgendwie ist mir das nicht geheuer ...
Du, Hayate ...
Dieser Chisato-sen... äh ... Omi-kun, hat der vielleicht einen Zwilling?
Was?
VORSICHTIG
Nicht dass ich wüsste.
Dann ist das wirklich derselbe Typ.
SEUFZ
Kennst du Omi-kun etwa?
Wie?!
Äh ...
Quatsch ... Warum ...?
Irgendwie bist du heute seltsam.

Als hättest du Angst vor Omi-kun, oder so ...
Ich kann ihm nicht sagen, dass ich mit einem Date-Foto erpresst werde.
Er hat damit gedroht, das Foto an die Agentur zu schicken, wenn ich es ausplaudere!
Außerdem ...
»Wenn du auf mich hörst, schicke ich das Foto nicht.«
... war mir das ...
... alles total zuwider ...
Hä?
Was?!

Ich will nicht von jemand anderem als Hayate so angefasst werden.
Shizuku …?
Was ist los mit dir …?

BAMM
ばーん
Uwäääh!
Hayate-kun, weißt du, was Omi-kun gemacht hat ...?
?!
RUMPEL
ガタタタッ
Hö?
Haya-te-kun, schläfst du etwa schon?
So früh?! Wie artig!
Äääh ... Es war ziemlich anstren-gend heu-te ...!

Wo ist denn Ai-kun?
Ach, im Bad?
Uwaaah!!
POCH
POCH
POCH
POCH
POCH
POCH
Das ist zu nah! Zu nah! Viel zu nah ...!
Ich kann Hayates Herz schlagen hören!
Weißt du, waaas ...?! Omi hat alleine in der Kantine gegessen, und das, obwohl heute unser erster gemeinsamer Tag im Wohnheim ist!
Er hätte mich doch mitnehmen können, oder nicht?!
Was denkst du?
Scheißegal! Mach, dass du rauskommst!
Super, oder?!
Ach, wir haben übrigens das Zimmer nebenan bekommen. ☆
Echt jetzt ...?
FREU
FREU

DODOMM
DODOMM
Mein Herz ... hält das nicht aus ...
DODOMM
Pah! Okay!
Sogar mein kleiner Bruder ist gemein zu mir!
Auf jeden Fall werde ich jetzt erst mal pennen. Lasst mich in Ruhe!
Hayate!
Der Produzent von der RMC-Studio-Livesendung morgen hat gesagt ...
... dass er uns nach dem Song von Buddyz vorstellen wird. Ich zähl auf dich!
Okay, verstanden!
PLOPP
Danke und gute Nacht!
BATAMM
Sie sind weg! Alles okay ...?!
O... Okay ...

Es ist okay, aber ...
... irgendwie auch nicht ...
Chisato-senpai ist im Zimmer nebenan?!
Ich muss aufpassen, dass meine wahre Gestalt nicht auffliegt.
Ich sollte meine Perücke möglichst selten absetzen ...
Genau, genau!
...
Wenn irgendwas ist, spuck's ruhig aus!
Ich werde versuchen dir zu helfen.

Ja, Hayate hat mich immer beschützt.
Aber dieses Mal ...
... kann ich ihn nicht mit reinziehen ...
Das wird schon. Er hat gesagt, wenn ich auf ihn höre, dann macht er nichts ...
Keiner da ...
Oh, Someko-chan ruft an.
Hm? Heute war doch RMC Studio dran, oder nicht?

Wo bleibt ihr beiden denn?!
Wir sind im RMC Studio ...
RMC Studio? Heute ist das SB Studio dran!
Was?
Kommt so schnell wie möglich her!
Ah ... ja!
SB
FLITZ
Ai-kun! Hayate-kun!
Was ist mit den Aufnahmen?!
Die haben schon angefangen ... Da ihr zu spät seid, haben sie stattdessen mit ...
... und stellen uns hier ihren neuen Song vor.
Erst vor Kurzem wurden die beiden gevotet!

TAg!

Der nette Omi-kun hat sich total Sorgen gemacht, dass ihr seinetwegen zu spät seid ...
... und hat angeboten, euren Auftritt zu übernehmen.
Hach! Als ich gehört hab, dass sich Buddyz verspäten, hab ich gedacht, jetzt ist alles vorbei, aber ...
... die beiden sind echt spitze. Viel besser, als ich dachte.
Sie haben schon vor ihrem Debüt mehr Aufmerksamkeit auf sich gezogen als Buddyz!
Die Reaktionen im Netz sind auch der Wahnsinn!
TAg sind voll angesagt!

Das ist zwar frustrierend ...
... aber die beiden sind echt gut.
Hayate ...
Mist! Ich wollte doch tanzen!
Zieht euch schnell um! Es ist gleich so weit!
J... Ja!
GRINS

....
....
Chisato
Komm in den Hinterhof!

Du bist wirklich gekom-men.
Sehr artig. Schön.
Chi...
Chisato-senpai ...
Kann es sein ...
... dass du Buddyz hasst?

Wenn das gestern mit Absicht war, dann ...
Es stimmt. Ich hasse Buddyz.
Besonders Hayate.
Schon damals wollte ich ihm ...
... am liebsten alles nehmen.

Wa...
Warum ...?
Da fällt mir ein ... Hast du nicht gesagt, du würdest alles tun?
Wenn das stimmt ...
... dann werde mein Mädchen!

Nur dass du's weißt... Ich werde von nun an im Showbusiness sein, daher will ich keine Geliebte!
Wa...?
Du musst Hayate auf der Stelle vergessen ...
... und nur auf das hören, was ich dir sage.
Werde mein Mädchen auf Abruf!
しゅっ
WUSCHEL
Was zum Henker ...
... sagt er da?
Ich hab Angst.
Hat er etwa vor ...
... Hayate irgendetwas anzutun?

Das lasse ich nicht zu ...
PAMM
Du ... kannst ...
... Hayate nicht alles wegneh-men ...
NERV
Hä?
Wenn du Hayate ... et-was antust ... werde ich dir das niemals verzeihen ...
Buddyz werden ... auf keinen Fall ...
... gegen dich ver-lieren ...!

Denn ich wer- de ...
... Hayate beschüt- zen!

Bonus-Manga: Reaktion auf Fans ③

»Denn ich werde Hayate beschützen!«

Ach ja?

Dance.22

Buddy Go!
Dance.22

Bonus-Manga: Reaktion auf Fans ④

*Messenger-App

Äh ... wie ich ihn beschützen will ...?

GRINS GRINS

Der nimmt mich überhaupt nicht ernst ...!

Das weiß ich selber nicht ...
ZUCK
Das ist es!
SPRING
FAWUPP
Mein Smartphone?
Dieses Foto ...
Wenn ich dieses Foto lösche, dann ...!
Es ist zwar nicht gut, einfach Fotos von fremden Leuten zu löschen, aber egal ...!

Äh, hm, wo kommt man hier noch mal zu den Fotos?
Wie ich sehe, wehrst du dich also doch mehr, als ich dachte.
Ich hab ein Backup, deswegen macht das wenig Sinn, aber na ja ...
Du scheinst jedenfalls zu verstehen, worum es geht.
Es ist so ...
Solange dieses Foto existiert, kannst du dich mir nicht widersetzen.
Und es gibt da bereits eine Kleinigkeit, die du für mich erledigen sollst ...

Mach dich an Ai ran!
...
Was?
An Ai! Hayates Partner.
Wenn du Hayates Freundin bist, wirst du Ai ja wohl mal getroffen haben.
Äh ... nein ... getroffen ... äh ...

Grab ihn an und bau eine enge Beziehung zu ihm auf.
Fang was mit ihm an und lass es Hayate spüren!
Enge Bez...
Somit wird Ha-yate ...
... von zwei der für ihn wichtigsten Menschen auf einmal betrogen.
Das ... kann ich nicht ...
Ja, auf deine Rede-gewandtheit kann ich nicht unbedingt zählen ...
Nicht deswe-gen ... viel-mehr ...
Wobei das auch stimmt, aber ...
Das ist physisch unmög-lich ...!

Wenn du verhindern willst, dass das Foto die Runde macht, bleibt dir wohl nichts anderes übrig!
Oh Mann ...
Was soll ich tun ...?
Das ist unmöglich ... denn ...
... ich bin doch Ai ...!

Wobei …
Moment mal! Es ist gut, dass es nicht geht.
Schließlich habe ich mich entschlossen, Hayate zu beschützen. Also muss ich gar nicht tun, was dieser Typ verlangt.
Aller-dings … wird dann dieses Foto …
…!
Ai!
Hörst du mir zu?!
Ah! Äh! Entschul-digung!
Na, hör mal! Ich rede ge-rade von wichtigen Dingen! Eure ers-te Japan-tour!

Vier Städte im ganzen Land!
Ihr geht zusammen mit TAg auf Tour!
Wie?
Wa...
Was?!
Die Tour heißt: ...
... »Buddyz' und TAgs ...
... Tag-Tour«!
...
Deren Name steht dabei doch viel mehr im Vordergrund!
Na, um gegen eure Kohai und großen Brüder nicht zu verlieren ...
... müsst ihr beiden euch eben auch anstrengen!
Mann ... Echt jetzt?!
Omi-kun ist ja kein Problem, aber mit Ayato ...

Hayates große Brüder

Endlich ist er auch dabei.

Hayates großer Bruder Ayato. Hayate ist der jüngste von vier Brüdern, Ayato ist der zweitälteste.

Tatsächlich sind Hayates Brüder schon einmal in der Bonus-Story von Band 3 aufgetaucht.

Ah!
Hayate, wir gehen jetzt ...
Okay!
Dann bis bald!
Der Älteste
Omi
Der Drittälteste

Da ist Hayate übrigens im 5. Jahr der Grundschule und TAg im 2. Jahr der Mittelschule.

Das ist die Szene, in der sie Konbini*-Eis essen und nach Hayate rufen. Genau.

Was? Ayato ist nicht dabei? Aha, ihr habt es also gemerkt. Es stimmt.

Ayato ist zu diesem Zeitpunkt noch im Konbini und sucht sich ein Eis aus!

Hach ja, schon damals hat er sich bei allem Zeit gelassen.

Es gibt aber noch ein Beweisbild.

(Fortsetzung folgt)

*Supermärkte, die 24 Stunden geöffnet sind

Ai, was ist los?

Auf der Tour sind wir ...
... beim Reisen ... beim Essen ... in der Unterkunft ...
... und auf der Bühne ...
... mit Chisato-senpai zusammen ...

Ha...
Hayate!

Während der Tour darfst du ...
... auf keinen Fall von meiner Seite wei-chen!

Hä ...? O... Okay?
Das ist nicht der richtige Zeitpunkt, um Angst zu haben.
Hmpf!
Ich muss Hayate beschützen!
Beim Meeting
Und hier kommt ein Rhythmuswechsel ...
Was denkt ihr ...?
K... Klingt gut!
ZZZ
Beim Training
Diese Choreografie hier !!
Die hab ich drauf!
zzz
Beim Reisen
zzz
?

Los geht's mit der Japan-tour!
Die erste Stadt ist Sendai!
Sendai Hauptbahnhof
Lasst uns alle zusammen etwas Leckeres essen gehen!
Nach dem Auf-tritt.
Ihr kommt doch mit ...?!
Wi...
HOPP
Wir pas-sen!
Ai, was ist denn los? Du bist in letz-ter Zeit so komisch!
Hä? Ich mach doch gar nichts ... Ich bin nicht komisch ...!

Hayate hängt total an mir. Wahrscheinlich will er nur nicht, dass ich ihm Hayate wegnehme.
Was für ein süßer Partner.
Was?
Hey hey, ich will auch nicht, dass Hayate-kun mir von Omi weggenommen wird. Bin ich auch süß?!
Du bist nicht süß.
Ist das so?! Ob er damit recht hat?!
Darum geht es doch überhaupt nicht!
Ach Mann ...!
Ich will einfach nur, dass wir den Auftritt überstehen ...
KREISCH
Buddyz!
Da sind sie!
Hayate

Ladies ♡ and gentlemen ...
... boys and girls ♡!
We are TAg!

Welcome to our Tag-Tour!!
A... And Buddyz!!
きゃああ
KREISCH

きゃあああああっ
KREISCH
Z... Zu viert sind sie noch viel aufregender ...!
Stimmt ...
Bei den Zuschauern scheinen aber immer noch mehr Fans von Buddyz dabei zu sein ...
Woran erkennt man das denn?
Na, an der Farbe der LED-Sticks. Die blauen sind von Ai-Fans und die gelben von Hayate-Fans.

Du hast recht, da sind fast nur blaue und gelbe Sticks. Unsere Buddyz!
Aber es kann sein, dass sich das durch diesen Auftritt ändert.
Was?
Zeigt, was ihr könnt, TAg!
Und ...
... Buddyz, entwickelt euch wei-ter!
Es stimmt schon, die beiden tanzen fantastisch.
Sie haben einen beinahe perfek-ten Rhythmus, in dem sie jeden einzelnen Move durchziehen ...!
Und nicht zu energisch. Ihre Bewegungen sind fließend und ge-schmeidig.
Und trotz ihrer langen Gliedmaßen schaffen sie es, ihre Bewegungen bis zum Ende auszuführen.

Sind TAg nicht super?!
Stimmt! Sie tanzen so sexy! Ich finde es echt heiß, dass sie schon etwas erwachsener sind. ♡
Sie ziehen alle Aufmerksamkeit auf sich …!
Aber manchmal macht Ayato-kun Fehler bei der Choreo, ha ha!
Aber Omi-kun geht total auf ihn ein. Die scheinen sich gut zu verstehen! ♡♡
Oh! Er gibt ihm eine Kopfnuss!
TAg sind echt der Hammer …! ♡
Ich bin voll und ganz deiner Meinung … ♡
Sollen wir unsere LED-Sticks in der Farbe ihrer Kleidung einstellen?
Ja, los!
Pink und …
… violett!

Im Zuschauerraum ...
!
... ist immer mehr ...
... Pink und Violett zu sehen ...!
Jetzt folgt ein Solo von TAg! Buddyz, kommt bitte von der Bühne!
Wow, die beiden haben es echt drauf.
!

Das ist total schrecklich ...!
F... Findest du ... das nicht ... frustrierend ...?!
Oder findest du das nicht ...?
Buddyz werden noch verlieren ...
Ai!
ZUCK
Beruhig dich. Du bist wirklich schräg drauf in letzter Zeit.

Außer-
dem ...
... ist
es natür-
lich auch
für mich
frustrie-
rend.
Aber
mit Ge-
schrei ...
... schaf-
fen wir es
nicht, mit
den beiden
gleichzu-
ziehen!
Aber
...
Halt! Ich
darf Haya-
te dieses
Mal nicht
mit rein-
ziehen!
Geht
bitte auf
Stand-
by.
Ich
muss ihn
beschüt-
zen.
TAPP

Du Idiot! Wenn du jetzt schon rausläufst, gehen die Spezialef-fekte ...
Was ...?
FUWOOOSCH
Ai!
Hä?! Ai-kun ist gerade ...
Er ist ins Feuer geraten, das von unten kam ...

Alles okay?
Das ist gefährlich ...
Wie ...?
KREISCH
Was? Omi-kun hat ihn ...
... gerettet!
Kannst du aufstehen?
J... Ja ...

Oh Gott, ihr macht mich fertig ...!
Das war gerade so was von cool von Omi-kun, oder?!
Man kann sich auf ihn verlassen!
Ai, was soll das?!
Omi-kun, ist alles okay?
Ach was.
Das ist doch kein Problem.
Wir haben uns doch auch schon früher, als du mir und Ayato noch hinterhergerannt bist, immer um dich gekümmert.
Was?! Was bedeutet das?!
Oh! Hier steht, dass Aya-kun Hayates großer Bruder ist!
TAG TOUR
Ist nicht wahr?!
Sexy brothers!
Außerdem sind Aya-kun und Omi-kun offenbar Freunde aus Kindertagen ...
Da steht auch, dass die beiden von TAg früher mit Hayate in einer Gruppe zusammen waren!
Deswegen werden wir uns ...

... von nun an ...
... auch um Buddyz kümmern!
KREISCH

JUBEL
»Schon damals ...
... wollte ich ihm ...
... am liebsten alles nehmen.«
TAg!
TAg!
TAg!
TAg!
TAg!
TAg!
TAg!

Ryokan*
Wir ...
... gehen ...
... ins Onsen**! ♡
*Ryokan: trad. Hotel
**Thermalbad

Onsen sind super, oder? Da kann man richtig schön entspannen!
Wenn ein paar Mädchen dabei wären, wär's noch besser ...!
Ach, wo ist eigentlich Ai-kun?
Der will nicht mitkommen. Er ist in seinem Zimmer.
Das ist auch besser so. Er sollte sich beruhigen.
Hm?

BRRR
Chisato BRRR
Du musst dich nicht mehr an Ai ranmachen.
Die brechen auch so auseinander.
Ugh!
...!

Ich konnte uns nicht beschützen.
Buddyz werden auseinanderbrechen.
Hayate ...
Alles okay, Hayate?
Was?

Wirst du dich mit Ai-kun wieder vertragen?
Ach ...
Das ist unmöglich.
Das ist auch gar nicht nötig.
Hä?
Sag so was nicht. Ihr beiden habt doch immer zusammen ...
Hm, das Ding ist ...

... ich bin genau-so krass frustriert wie er.
Aber durch Heulen und Schmollen wird man auch nicht besser.
Das hab ich seit mei-ner Kindheit zur Genüge am eigenen Leib erfah-ren ...
zzz
Wir werden ganz sicher unsere Fähig-keiten verbes-sern und TAg überholen!

Ai denkt genauso darüber wie ich.
Davon bin ich über-zeugt.
Also macht euch besser auf was ge-fasst!

Uff! Von dem ganzen Reden ist mir ganz schön heiß geworden. Ich geh raus, bevor mir schwindlig wird.

RUCK

Okay.

RATTER

TROPF

TROPF

SPLOSCH

Wa... Was?!

Ich habe dich früher schon ...

FLÜSTER

... für deine direkte Art ...

ZITTER

Wir beide können es schaffen.
Wir können die besten Tänzer Japans werden.
Meinst du?
Das muss doch nicht sein ...
Mir ist das ziemlich egal ...
Aber ich strenge mich an, damit ich dir nicht zur Last falle ...
...!!

Das gleiche Ziel verfolgen.
PLATSCH
Mitei-nander wettei-fern.
Sich gegen-seitig unter-stüt-zen.
Das sind für mich Partner.
Uh!
Uh!
Aber ...
... ist das un-möglich.
Ich kann Hayate nicht beschützen ... So schwach, wie ich bin ...
Ich schaffe das nicht allein ...!

RATTER
Hilf mir ...
... Hayate ...
Hä ...?

Was weinst du denn?
Äh ...
Ich ... weine nicht ...!
Klar weinst du.
Du verstehst ...
... das falsch ...
Also ist doch irgendetwas mit Omi-kun vorgefallen?
N... Nein ... gar nichts ...
Du lügst!
Du bist doch niemand, der heult und Trübsal bläst, weil er beim Tanzen verloren hat.

Es ist wirklich ... nichts ...
Lass mich einfach in Ruhe ...!
KNUFF
Das kann ich nicht machen. Wenn ich so was sage ...
... brechen wir erst recht ausei-nan...

Du meintest doch, ich soll nicht von deiner Seite weichen.
Ich lasse dich nicht los, bis du mir nicht alles erzählt hast.

Buddy Go!
Dance.23

»Ich lasse dich nicht los ...

... bis du mir nicht alles erzählt hast.«

Hayate ... Das tut weh ...
DRÜCK
Ich bin ...
DODOMM
DODOMM
Hayate ... hat sich Sorgen um mich gemacht ...

... wirk-lich nicht allein ...
O...
Omi-kun ...
Was ist er für ... ein Typ?
Was für ein Typ er ist? Hm ...
Er liebt das Tan-zen.

Von allen Leuten, denen ich je begegnet bin, liebt er es vermutlich am meisten.
Was ...?
Mehr als Mikado ... und ich?
Khe khe khe!
GRRR
So hab ich ihn ... gar nicht wahrgenommen ...
PATAMM
Sagt mal, ihr beiden, seid ihr etwa noch wach?!
Wir müssen morgen früh aufstehen, um rechtzeitig loszufahren, also geht gefälligst schla...

Was zur Hölle macht ihr da?! Umarmt ihr euch etwa?!
Qua...Qua... Qua... Quatsch, mir ist vom Onsen schwindelig geworden und da bin ich zusammengeklappt ...!
Wirklich?! Mehr nicht?!
Ja, wirklich! Was glaubst du denn, was wir hier sonst machen?!
Wir sind schließlich Jungs!!

Das war knapp ...
Fast wären wir vor Frau Produzentin aufgeflogen.
Ai.
POCH
Bisheriges Bett
Stimmt ... Sonst schläft Hayate immer unten, sodass wir uns nicht sehen können ...
Heute liegt er neben mir ...
ROLL
SCHOCK
GLOTZ
Und? Was war denn jetzt mit Omi-kun?

Ich ... kann's nicht sagen.
Warum denn?
Wenn er wüsste, dass ihn der von ihm so heiß geliebte Chisato-senpai hasst ...
... würde Hayate garantiert einen Schock bekommen ...
Ich kann dir nicht sagen, was los ist, aber ... vertraue mir. Hab ein wenig Geduld ...
... dann ... bekomme ich das schon hin ...
U... Und ...
... ich ...

... werde nicht gegen TAg verlieren ...!
Okay!
FLOFF
Ich warte und vertraue dir!
Aber wenn du nicht mehr weiterweißt, sag mir sofort Bescheid!
Äh ...
Oh ...

O...kay.
GREIF
!
Gute Nacht.

D…
Dir auch …
In dem Moment, als ich verstanden habe, dass ich nicht allein bin …
… und dass Hayate an meiner Seite ist …
Ai-kun, Hayate-kun, steht bitte auf.
Es ist schon Morgen!
Aber …
Wah …!

... sah ich ganz klar ...
... dass es eigentlich ...
... total einfach ist ...
... das Richtige zu tun.

Beweisbild Nr. 2

Genau, diese Szene hier. Es sieht auch in diesem Panel so aus, als ob Ayato nicht dabei wäre, nicht wahr? Aaaber! Wenn man die Kamera etwas senkt ...

↑ Da ist er!! Er ist auch da! Er sitzt dort und schläft! Aber auch Faulenzen hat seine Grenzen! =3 =3

So, das war es jetzt aber mit Frau Kurosakis Ausreden!

Die beiden mögen sich. ♡

Was für ein herzzerreißender Anblick!

Ja ...

...

JUBEL

Zweiter Tag der Tag-Tour!
Los geeeht's!!
きゃあああああ
KREISCH

Buddyz sind heute gut drauf!
Stimmt! Es kommt einem so vor, als wenn sich der Ärger von gestern in Luft aufgelöst hat!
Ich hab verstanden ...
... was ich tun kann ...
... um Hayate zu beschützen ...
... wenn ich schon nicht sein Schild sein kann.

Ich muss mit Ha-yate ...
... das gleiche Ziel anstreben ...
... an uns glau-ben ...

... und ich darf niemals seine Hand loslassen ...
わあっ
JUBEL
Wenn ich das nicht aus den Augen verliere ...

... kann uns
niemand Buddyz
wegnehmen.

PATSCH
KREISCH
Buddyz High five!
Wie cool!
Ai!
Hayate!
TAg, ihr auch! ♡
?

わあ
JUBEL
あ
あ
あ
あ
あっ

Endlich ist die Tour vorbei!
Ich bin total k. o.!
Am anstrengendsten ist das viele Reisen ...
Stimmt ...
Am Ende hatten wir ungefähr gleich viele Fans, aber ...
... um TAg zu schlagen, müssen wir noch härter trainieren.
NICK
NICK
Machen wir!
Gehst du irgendwohin?
Ich wollte etwas zu trinken kaufen ...
Ich will eine Cola!

TAMM
TAMM
Wer trainiert denn da noch ...?
Chisato-senpai?!
Wir sind doch gerade erst von der Tour zurück.
Ist er nicht erschöpft ...?
»Er liebt das Tanzen.«
»Von allen Leuten, denen ich je begegnet bin, liebt er es vermutlich am meisten.«
...

Was machst du da?
Er hat mich gesehen!
Äh …
Ähm …
Du musst doch voll müde sein. Warum gehst du nicht schlafen?
Äh …
Also, äh …
Ich möchte, dass du mir was beibringst!
Warum denn das?
Gerade noch hast du alles getan, um mich zu meiden.
Ah, aber … du bist halt so gut …!

Außerdem will ich TAg ...
... und Hayate einholen!
Hm ...
Okay ...
Nein, nein. Du sollst nicht einfach nur die Choreo tanzen. Saug den Sound in dir auf.
Hör genau hin.

Ist das Absicht, dass du Hals und Schultern nur ein bisschen bewegst?
Oder trainierst du etwa nicht alle Gliedmaßen einzeln?
Hast du schon mal daran gedacht, dass dein Körper herumzappelt, wenn du nicht jede einzelne Bewegung kontrollieren kannst?
Ist der hartnäckig ...!
Aber ich verstehe, was bei mir nicht funktioniert ...
Okay, und noch mal!
One, two, three, four ...
... five, six, tatatamm.
One, two, three, four ...
... five, six ...
Ah!
!
Das gerade ...
PATSCH
Ich glaube, ich hab's geschafft ...!

Äh, also ...
Sorry, das ist so eine Angewohnheit mit Hayate ...
Ah ...
Ach ja ...?
Ich bin echt neidisch. Hayate hat ...

Was …?
Nichts. Mach einfach weiter.
Chisato-senpai …
Irgendwie wirkt er anders als sonst …
Noch mal vom letzten Punkt an.
One, two, three, four …
Hmm …
Seit wann sind die beiden denn so gut befreundet?
Ai hatte doch die ganze Zeit Angst vor Omi-kun …
Ich habe keine Ahnung, was in ihm vorgeht!

Dabei hab ich ihr doch gesagt, dass ich ihr vertraue ...
... und auf sie warte ...!
SEUFZ

Ai!
Gehen wir nach Hause?
Ja.
Ai, du bist immer so beschäftigt, dass wir schon ewig nicht mehr zusammen heimgegangen sind, nicht wahr?
Aber na ja, wenn's bei Buddyz gut läuft, sollte ich mich nicht beschweren.
BRRR BRRR

Chisato
Hinterhof.
Chisato-senpai ...
Er hat gestern bis spätabends mit mir trainiert ...
Vielleicht ist er ja doch mehr als nur ein ... Furcht einflößender Kerl ...
Was? Chisato-senpai?!
Ai, hast du also doch was mit Chisato-senpai zu tun?!
Ah, weiß er, dass du Ai bist?!
So... Sorry, Kii-chan! Geh schon mal nach Hause!
Ich kann ... jetzt nicht ...!
Ja, okay, aber sag mir, was los ist! Ich will es wissen!!
Da... Das nächste Mal!
TATATAPP
Häää?
Was sollte das?

Ich fühl mich nicht hintangestellt!
Ich fühl mich nicht ...
Von wegen! Ich bin total einsam!!
Da bleibt mir nur, zum Idol Shop zu gehen ...
... und Merchandise von Buddyz zu kaufen!
Loyal bis zum Gehtnichtmehr!!
Hm?
MURMEL
MURMEL
Oh!

Hayate!
Du bist doch Ais Freundin!
Krass! Du erkennst mich!
Mädchen vergesse ich doch nicht.
Besonders nicht so süße Mädchen. ♡
Das sag ich Ai!
Dass du mich angemacht hast!
Schon als wir Kinder waren, hat mein Bruder mir immer gesagt, ich soll nett zu Mädchen sein.
Deswegen hab ich auch den Fans hier Autogramme gegeben, als sie mich angesprochen haben.
Ach, dein Hang zu Frauen kommt also von Ayato-kun!
Ich verstehe!

Wo ist Ai?
Ah!
Chisato-senpai hat sie vorhin kontaktiert ...
Chisato-senpai?
Hm? Ja. Omi-kun von TAg.
Du hast doch bestimmt schon gehört, dass wir auf derselben Schule sind, oder?
Sie trifft ihn in ihrer Mädchengestalt?
Wie? Ja.
Das ist mir neu ...
Hayate?!
SAUS
Das wusste ich gar nicht ...

Warum erzählt sie mir nichts davon?!
Äh ...
... und jetzt?
Ich habe das Foto gelöscht.

Ich werde Buddyz nichts antun.
Und du bist auch frei.
Das wollt ich dir nur sagen.
Ciao.
Was ...?!
Wa...Wa... Wa... Warum denn auf einmal?!
Nur so! Es ist mir einfach zu dumm geworden.
Du freust dich doch sicher, dass du jetzt frei bist, oder nicht?
Natürlich bin ich froh ... aber ...
... ist das wirklich gut so?
Habe ich Hayate durch mein Verhalten beschützt ...?

Irgendwie gefällt mir das nicht ...!
Äh ...
Also ...!
Ich hab von Hayate gehört, dass du das Tanzen über alles liebst ...
... und das glaube ich auch, aber ...
... wenn das stimmt ...
... wieso sieht es dann so aus, als hättest du keinen Spaß dabei?
Wie kann das ...
... sein ...?

Du bist ja krass.
Sagst mir genau die Worte ins Gesicht, die ich gerade am allerwenigsten hören will.
Ah!
Tut mir leid!
Warum bloß ...?
Als ich Hayates Partner ... Ai ... gesehen habe ...
... ist mir wieder eingefallen, was ich eigentlich will ...
Und was soll das sein ...?
Übrigens ...

Du siehst ihm sehr ähnlich ...
GREIF
!

Hayate?!
??
Wa... Was machst du denn hier ...?
Du hast mich zwar gebeten, dir zu vertrauen und auf dich zu warten, aber ...
... dabei hatte ich nicht an so eine Entwicklung gedacht.
Sorry, Omi-kun.
Ich respektiere dich sehr, und ich will mich mit dir nicht streiten ...
Aber anders als mein Frauen liebender Bruder ...

… gibt es für mich nur die eine.
Lass gefälligst deine Finger von ihr.
Buddy Go! 6 / Ende

Bonus-Manga: Reaktion auf Fans ⑤

SPECIAL THANKS

Meiner Managerin Frau Suzuki
Der Redaktion der *Ribon*
Den Grafikdesignern
Allen, die mir bei *Buddy Go!* geholfen haben
Meinen Assistenten Ueda-san, Kamiyama-san, Saibara-san, Matsuda-san
Den Tänzern und Sängern, die bei den Aufnahmen geholfen haben
Meinen Freunden und meiner Familie
Und allen Lesern von *Buddy Go!*

Ich würde mich freuen, wenn wir uns in Band 7 wiedersehen!

LETTER

Shueisha *Ribon* Editorial Office
Ms Minori Kurosaki *Buddy Go!*
119-0161 Tokyo, Japan

TWITTER

Vielen Dank, dass ihr euch für *Buddy Go!* Band 6 entschieden habt!

Ich bin Momo, die in Band 5 total oft aufgetaucht ist! ♡

Und genau aus diesem Grund bin ich ...

Buddy Go!

Buddy Go!

... sicher auch auf dem Buchrücken von Band 6 ...

*Auf dem jap. Buchrücken ist Ayato abgebildet.

TOKYOPOP GmbH
Hamburg

TOKYOPOP
1. Auflage, 2018
Deutsche Ausgabe/German Edition

Aus dem Japanischen von Mika Friebel

First published in Japan in 2014 by SHUEISHA Inc., Tokyo.
German translation rights in Germany, Austria and German-speaking Switzerland arranged by SHUEISHA Inc.
through VIZ Media Europe S.A.R.L., France.

Redaktion: Benjamin Spinrath
Lettering: Vibrraant Publishing Studio
Herstellung: Rita Geers
Druck und buchbinderische Verarbeitung:
CPI – Clausen & Bosse GmbH, Leck
Printed in Germany

ISBN 978-3-8420-3556-0

www.tokyopop.de

EIN HERZ FÜR EVE

Atsuko Yakushiji

Mein Teddy kann sprechen?!

Seitdem Kokomi den süßen Teddy Eve von ihrem Vater geschenkt bekommen hat, teilt sie ihre Gedanken mit Eve und nimmt sie jede Nacht mit ins Bett. Als ihre Mitschüler Wind davon bekommen, machen sie sich über sie lustig. Daher beschließt Kokomi schweren Herzens, ihren geliebten Bären in den Schrank zu sperren. Doch dann beginnt Eve plötzlich, mit Kokomi zu sprechen ...!

CRASH!

Yuka Fujiwara

CRASH – eine Boygroup zum Verlieben!

Da Hana sofort Nasenbluten bekommt, wenn sie jemandon mit Starpotenzial entdeckt, wird sie von ihrer Mutter, die eine Künstleragentur betreibt, als Talentscout eingesetzt. Als Hana bei einem Fest gleich fünf hoch talentierte Jungs erblickt, ist sie wild entschlossen, aus ihren Neuentdeckungen eine erfolgreiche Boygroup zu schmieden. Wird Hana erfolgreich sein oder mit Pauken und Trompeten untergehen?

SUISAI

Moe Yukimaru

Der Klang der Instrumente fließt durch mich hindurch!

Urara ist eine begabte Leichtathletin, doch auf der Highschool sucht sie eine neue Herausforderung. Als sie zufällig das Schulorchester spielen hört, verliebt sie sich sofort in die schönen Melodien und nimmt an einem Schnupperkurs teil. Hier zeigt sie nicht nur Interesse am Spiel der Querflöte, sondern auch am süßen Saxofonisten Minato. Für Urara steht fest, dass sie ein Mitglied des Orchesters werden muss ...!

AI STARTET DURCH

Moe Yukimaru

Kann aus einer Sandkastenliebe ... etwas Ernstes werden?

Taiyo und Ai lernen sich in der Grundschule kennen und sind vom ersten Moment an miteinander vertraut. Als Taiyo dann plötzlich die Schule wechseln muss, befürchten beide, sich nie wiederzusehen. Doch auf der Highschool kreuzen sich ihre Wege erneut – und Ai verliebt sich Hals über Kopf in ihn! Sie will all ihren Mut zusammennehmen, um Taiyo ihre Gefühle zu gestehen ...

V·I·P

Yuko Kasumi

Ich bin ein Star – oder etwa nicht?!

Landei Hikaru ist absolut sicher, das Zeug zum Topmodel zu haben. Als sie zu einem Casting nach Tokyo eingeladen wird, macht ihr das Male Model Kyo klar, dass sie vielleicht Potenzial, mit ihrem Erscheinungsbild aber absolut keine Chance hat. Davon lässt Hikaru sich zwar nicht abschrecken, doch das Casting läuft total schief. Ohne Modelvertrag und völlig mittellos wird sie von Kyo aufgelesen, der ihr anbietet, sie als Model unter seine Fittiche zu nehmen ...

RAINBOW REVOLUTION

Mizuka Yuzuhara

Lass deine eigene Stimme sprechen!

Nanas und Yuyus enge Freundschaft wird auf eine harte Probe gestellt: Während Yuyu darauf beharrt, alles mit Nana gemeinsam zu machen, möchte die kleinmütige Nana nun endlich ihre eigenen Entscheidungen treffen. Der selbstständige Mitschüler Shioka wird da schnell zu ihrem Vorbild ...

SPARKLY LION BOY

Yoko Maki

Gibt es die wahre Liebe wirklich?

Miwa ist begeisterter Fan des Shojo-Mangas *Twinkle Heart* und taucht so tief in dessen Geschichte ein, dass sie nicht mehr an die Liebe im realen Leben glaubt. Das ändert sich jedoch, als sie Kiriatsu kennenlernt: Er sieht Sei-sama aus ihrem Lieblingsmanga zum Verwechseln ähnlich! Sein Äußeres ist aber nicht das Einzige, das Miwa so faszinierend an ihm findet ...

SUGAR SOLDIER

Mayu Sakai

Bittersüß wie Schokolade

Ihr bisheriges Leben hat Makoto im Schatten ihrer wunderschönen Schwester gefristet, die als Model arbeitet. Damit soll jetzt Schluss sein! Makoto möchte endlich ihre Komplexe loswerden und genauso süß und selbstbewusst werden wie diese. Schützenhilfe erhält sie dabei von Shun, ihrem supercoolen neuen Schulkameraden. Aber aller Anfang ist schwer ...

DEMON CHIC X HACK

Arina Tanemura

Der Preis ist dein Herz

Vor sechs Jahren hat Dämonin Giselle mit dem Menschenjungen Ichiritsu einen Vertrag geschlossen, um ihm einen Herzenswunsch zu erfüllen. Doch sie wurde von ihrem Vater gestoppt, bevor der Vertrag in Kraft treten konnte! Seitdem sehnt sie ihren 200. Geburtstag herbei, um in die Menschenwelt und zu Ichiritsu zurückzukehren und ihm den Wunsch zu erfüllen. Dafür verwandelt sie sich in den Jungen Ryusei, doch Ichiritsu entpuppt sich als kaltherzig und schroff ...

STOPP!

Dies ist die letzte Seite des Buches! Du willst dir doch nicht den Spaß verderben und das Ende zuerst lesen, oder?

Um die Geschichte unverfälscht und originalgetreu mitverfolgen zu können, musst du es wie die Japaner machen und von rechts nach links lesen. Deshalb schnell das Buch umdrehen und loslegen!

So geht's:

Wenn dies das erste Mal sein sollte, dass du einen Manga in den Händen hältst, kann dir die Grafik helfen, dich zurechtzufinden: Fang einfach oben rechts an zu lesen und arbeite dich nach unten links vor. Viel Spaß dabei wünscht dir TOKYOPOP®!